Erwin und Hannelore • Wege und Farben unserer Liebe

AF537646

Edition AVRA

ERWIN UND HANNELORE

Wege und Farben unserer Liebe

Die Stationen einer großen Liebe

Bibliografische Information der Deutschen Nationalbibliothek
Die Deutsche Nationalbibliothek verzeichnet diese Publikation in der Deutschen Nationalbibliografie; detaillierte bibliografische Daten sind im Internet über http://dnb.d-nb.de abrufbar.
© Edition AVRA • Eine Marke der Frieling & Huffmann GmbH & Co. KG
Rheinstraße 46, 12161 Berlin
Telefon: 0 30 / 76 69 99-0
www.frieling.de
ISBN (Print): 978-3-8280-3724-3
1. Auflage 2022
Bildquelle: pixabay
Sämtliche Rechte vorbehalten
Printed in Germany

INHALT

Liebe Hannelore, zum Geburtstag viel Glück!
Erfüllung all Deiner Wünsche
und ein erfülltes Leben!

Es hat schon seit geraumer Zeit
sich als Tatsache erwiesen,
dass DU die Beste bist gewesen
und stets in meinem Herzen bleibst!
Lange Schicksalsjahre sind vergangen
– manch schöner und manch grauer Tag –
wie auch immer, schön oder verhangen,
so doch der Herbst nun langsam naht!

Illusionen kamen, gingen,
und auf Blau folgte das Grau,
doch um die Erinn'rung konnt' es mich nicht bringen
– sie blieb bestehen, ganz genau!

Und ist das Ziel nun auch erreicht,
es bleibt Dein Bild, das nicht von meinem Herzen
weicht!
Darum dieser tiefe Gruß,
den ich Dir von Herz zu Herz schicken muss!

Verlobungsprotokoll

02:14 Meine über alles geliebte Hannelore,
da ich Dir auf diese Weise bekannt geben will,
dass ich, seit wir uns kennen, so unsterblich in Dich verliebt bin,
dass ich für den Rest meines Lebens meine Gefühle
und Seele in Deine Obhut begeben möchte,
frage ich Dich hiermit,
ob Du ebenso mit mir gemeinsam
diesen Teil des Lebens unserer Liebe
als meine teure und geliebte Verlobte verbringen möchtest,
und, wenn ja,
so antworte bitte mit „Ja, ich will!“.

02:15 Antwort: „Ja, ich will!“

Nun treten wir beide vor die Macht und bitten diese,
als Zeuge unsere Verlobung anzuerkennen:

02:19 Allmächtige große Macht
– Allmacht –,
02:20 die Du die Liebe erschaffen hast,
02:21 Wir treten heute vor Dich im Angesicht unserer Liebe,
02:22 Wir beide als Liebespaar
– Hannelore und Erwin –

und möchten diese vor Dir bezeugen,
02:23 auf dass Du uns auf Lebenszeit
mit Deiner Liebe segnest
02:24 und auf dass unsere Liebe weiterhin und
ungebrochen
unsere Herzen schmücke und unsere Seelen
erleuchte!
02:25 und dass wir nun hier vor Dir uns küssen
02:26 und damit soll unsere Verlobung besiegelt sein!
Amen!

Es folgt der Verlobungskuss von Hannelore und
Erwin
(unter Emotionen).

02:28 Die Verlobung wird hiermit als besiegelt angesehen.

02:28 Siegel, 30. Nov. 2021

Unsere Liebe

Unsere Liebe ist nun voll erblüht, mein Schatz!
Reif und strahlend steht sie voll im Raum,
leuchtend wie das Augenlicht
und märchenhaft – so wie der schönste Traum!
So wie das schönste Frühlingslied
nach uns'rem ganzen Schicksalsleid.

Unsere Liebe ist nun greifbar schön
und wird so in die Ewigkeit eingeh'n!
Pulsierend ist sie voller Fülle
in ihrem strahlend' Liebessinn
und im Austausch unserer Gefühle
geben wir uns ihrer hin.

Und so, wie sie die Nahrung uns'rer Seelen ist,
so eint sie uns'ren Liebesgeist
fortan in Führung unserer Gefühle,
die in uns'ren Herzen voll gereift.

So kosten wir nun überglücklich
– leicht in uns'rem Liebesraum –
die volle Reife der Gefühle
in uns'rem schönsten Lebenstraum!
Und in ihrem schönsten Glanz
offenbart sie sich uns ganz!

Wie köstlich ist die Liebesfrucht,
die ihresgleichen Reife sucht!

Das Statut unserer Liebe

Friedlich sitze ich
in rundherum schweigender,
wohltuender Stille,
die ohne Worte spricht.

Und ich weiß, ich bin daheim,
bei meinem Ich, bei meinem Selbst
– ohne äußere Gewalten,
weil die wirren Stimmen schweigen

Und mein Schatz ist da!
Und füllt die Leere neben mir aus,
und ich fühle mich so wohl dabei,
dass ich sofort so glücklich bin,
ob dieses Gefühl des Beistandes
meiner geliebten Hannelore
– der zutiefst geliebten Person meiner Seele –,
deren Liebe
ich so absolut gerne
mit der meinen teile!

Die wirren Störungen der Umwelt
sind verflogen
und mein Geist ist frei
für meine Liebe
– zu meiner geliebten Hannelore hingeneigt –

immer dann, wenn ich, wie eben,
mit meinen eigenen Maßstäben
dem Wirrwarr um mich herum entsage
und dann ich selbst bin,
der diese Liebe in sich selbst fühlt,
in einer gewissen ursprünglichen Eigenheit,
die sich mir manchmal aufdrängt
und mich nicht verlässt.

Ich bin dann nicht possessiv,
will nichts haben,
treibe im Nichts,
bin unabgelenkt von allem,
treibe formlos im Geis,
dem nichts fehlt,
weil er alles beinhaltet!

Dieser Geist in seinem Ursprung braucht nichts,
denn seine Leere bedeutet die Fülle,
alles zu beinhalten.

Die richtige Leere aber, die ist voll!
Sie beinhaltet alles, was den Geist beschäftigt
– im Ungesagten,
dem Fühlbaren, Formlosen,
welches jenseits der Erscheinungen waltet
– bis sich das Ungesagte offenbart.

Und das ist die Liebe
in ihrer reinsten Form,
welche ich mit meiner geliebten Hannelore teilen darf
und die sich uns aus diesem tiefen Schweigen
offenbart
– durch unsere Sehnsucht nach Nähe
und um sich in erfüllte Liebe
zu verwandeln.
Amen!

Unsere Liebe,
aus einem Drang und einer Sehnsucht heraus,
mit meiner geliebten Hannelore beisammen zu sein!

Und jetzt bin ich aufgewacht
und bin bei Dir, mein Schatz!
Und Du warst immer bei mir,
wie auch ich stets bei Dir war und bin!

Ein Gefühl der Zugehörigkeit,
das nicht nach Regeln fragt oder nach
Bestimmungen;
ein Gefühl, das einem zusteht,
sich aber nicht besitzen lässt!

Aber wenn es sich offenbart,
dann weiß man, dass es echt ist
und unverfälscht,

und sich nicht in Regeln zwängen lässt,
ist es doch „der Hauch“
oder „die Berührung“,
von etwas erfasst zu sein,
das tief innewohnt
und sich Einem selten offen zeigt,
denn es ist so geheimnisvoll,
weil es die Seele zu ergreifen vermag
– wenn man sich ihm hingibt.

Und so offenbart sich das Wahre
den Auserwählten,
die es nicht ergreifen und besitzen wollen
und auch nicht müssen,
weil es doch unsere ureigenste Eigenschaft ist,
uns zu lieben.

Das ist das höhere Programm,
mit dem wir von der Schöpfung erschaffen wurden
und welches sich uns in der Fügung offenbart
– solange wir nicht zu blind sind,
uns dafür zu öffnen.

Es ist die tiefste Einsicht
in „wer wir sind und
was wir wollen“,
und sie ist total unabhängig
und lässt sich nichts diktieren

– ist es doch die Freiheit und Souveränität der Liebe.

Und wir fanden sie, Du, meine Liebe,
und sie ist uns gewiss,
denn wir wurden als ihrer würdig auserwählt.
Amen!

Du bist in meinen Armen.
Unsere Liebe ist kostbar
– unsere Liebe ist das Beste überhaupt!

Das Gefühl hat sich mir diesmal so derart gezeigt.
– Das habe ich gefühlt.
Ich liebe Dich sehr innig!

Man begehrt sich – wir und andere auch –,
aber so wie ich geschrieben habe,
ist es ein bisschen mehr – und das hebt ab
– darum konnte ich nicht so einfach damit aufhören.

Und Du hast mich walten lassen, mein Schatz, mit meinem Wort,
und das zeigt mir Deine Liebe in Antwort!
Und darum kann ich nicht aufhören
– weil Du doch auch in Liebe antwortest!
Und das heißt, wir sind am Ziel!
Und darüber bin ich sehr glücklich!

Und was ist diese eine Stunde?
Sie ist nichts und doch ist sie Alles
– Liebe –
wenn man ihr nur den wahren Wert beimisst!
Aber
den wahren Wert beimessen,
das tun doch schon unsere beiden Herzen,
denn die sprechen ohne Worte, weil sie fühlen!

So fühlen und lieben wir uns,
ohne uns überhaupt zu berühren,
denn die Sehnsucht der Liebe,
die ist grenzenlos und ewig!

Unsere Liebe ist ebenso
nicht die erste und nicht die letzte,
denn die Liebe ist Gott
und Gott ist die Liebe.
Wir haben Gott und die Liebe, mein Schatz!

Sicher auch die Begierde – ist ja auch normal!
Aber wir können auch darüber lächeln
und darauf bin ich sehr stolz,
weil wir auch darüber gesiegt haben,
und das ist der Stolz der Liebe,
die schon zweifach gewonnen hat!

Ich liebe Dich, meine Hannelore!

Schon wieder eine Liebesstunde?
Noch immer!

Liebe kennt keine Grenzen, bis man sich selbst verschenkt.
Unsere Liebe ist stärker als der Tod!

Meine Traumfrau

Du bist die erste Frau,
bei der ich ein Gefühl von Liebe erfuhr,
das ich mir schon immer so sehr erwünschte!

Lange Jahre und Beziehungen
brachten mir nicht
dies so lang ersehnte Gefühl.

Du bist meine richtige, einzige und wahre Liebe!
Du hast sie mich gelehrt, mein Schatz,
und das steigert das Liebesgefühl immens.
Dafür danke ich Dir sehr!

Darum ist unsere Liebe so intensiv, mein Schatz,
weil sie so sensibel ist,
sie geht so richtig ans Herz,
denn dort trifft sie auf den sensiblen Liebesnerv.

So wurdest Du meine Traumfrau!
So bleibst Du meine Traumfrau!

Dein Platz ist immer an der gleichen Stelle meines Herzens
– dort, wo er von Anfang an war
und wo er auch stets bleiben wird!

Ein Prosit auf meine Traumfrau!
Alles Liebe meiner Traumfrau
– der Frau meines Lebens
– meiner geliebten Hannelore!

Ich habe bei Dir nun die Zuflucht
für die Liebessehnsucht
meines Herzens, meines Körpers und meines Geistes
gefunden
– Du, meine Traumfrau!

Mehr als jetzt habe ich noch niemals lieben können,
mein Liebes!
Mehr als jetzt werde ich auch niemals zu lieben
vermögen!

Ein Prosit, mein Liebes, auf Dich,
Du Königin meines Herzens!

Empfindungen unserer Liebe

Ich liebe Dich so sehr, genau wie Du bist, mein Schatz!
Ich liebe es so sehr, mit Dir zu sein!
Noch nie habe ich etwas so sehr geliebt wie Dich!
Ich wusste nicht einmal, dass ich so sehr lieben kann!

Ich liebe sie so sehr, diese innige Ruhe zwischen uns beiden!
Noch nie hatte ich solch eine Harmonie in einer Beziehung
und hätte dies auch nie für möglich gehalten!

Wir sind ein Paar wie schon seit hundert Jahren!

Ich liebe so sehr Deine Ausgeglichenheit,
die Ruhe, die Du auf mein Herz und Seele ausstrahlst
– eine Ruhe wie für die Ewigkeit!

Dieses Zugehörigkeitsgefühl ist unvorstellbar,
als wären wir die gleiche Person mit zwei verschiedenen Seiten
an den verkehrten Enden der Welt!

Intim

Ich kuschle so gern mit Dir, mein Schatz
– Du bist mir so vertraut!
Ich hab' das nicht vergessen
– als wären wir nie getrennt gewesen.
– bin immer dahingeschmolzen,
hast Du mich verliebt angeschaut!

Dann bist Du so wahnsinnig süß und sexy
– das macht mich immer so an!
Ich will mit Dir schmusen und noch mehr,
dass ich mich kaum mehr halten kann!

Dein Reiz ist zeitlos.
Dein Reiz reizt das Verlangen
und ist sowieso so einzigartig
Keine macht Dir das nach,
jedenfalls nicht für meine Augen.
Genau da treffen wir uns als Geschlechter.
Geliebte, so wirst Du immer für mich sein!

Möchte Dich jetzt dort küssen,
du sollst auf meinem Schoße sein
und wir sollen uns ineinander fühlen ...

Deine Wunderglocken in meinem Gesicht

uns hochschaukelnd,
uns anlächelnd, verliebt – verloren in der Lust,
uns vereinen und uns genießen,
in vollen Zügen, voller Wonne.
Das haben wir uns verdient – und wie!
Du meine geliebte Sonne!

Stöhnen vor Glück
und Leidenschaft
– ich kann bald nicht mehr, mein Schatz!
Mit Dir ist es am schönsten!

Es lange genießen,
kleine Bewegungen, nicht große,
kleine Bewegungen höchster Lust
– so verharren.
Unsere Blicke treffen sich
– so warten wir auf den Moment.

Das Herzklopfen nimmt zu,
die Wärme, die Hitze, die Strahlung,
die Farbe Deines geliebten Antlitzes,
Deine Lust, Dein Wollen, die Erregung.

Und so nah
Ds gleiche Feuer in uns vereint spüren
und das Feuer steigt und steigt.

Ein Zittern, Ein Beben, Dieser Höhepunkt, bis er
kommt!

Dein glücklicher Blick,
Ein vereinter Kuss
– wir sind wie Eins verklebt.
Wahnsinn, diese Erfüllung mit Dir!
Keine Worte, wir schweifen nur im Glück,
das in uns beiden lebt.

Zeitlose Ewigkeit,
vereintes Glück!
Mehr nicht – und es ist alles.
Mit Dir bin ich verzückt!
Amen, Du mein Schatz!

Es war schön, es war einmalig, rein und sauber
– es war wie wahr, wie wirklich.
Das kann man nicht planen
– man muss es kommen lassen.

Es war Gnade, die hat uns hochfliegen lassen
– nichts konnte uns stoppen.
Wir waren nur noch bloß wir Zwei.
Nichts als dieser Moment der Ewigkeit!
Wir wurden eins
und wurden frei!

Treue Gefühle

Dann gehen wir doch kuscheln, Geliebte,
und kuscheln noch, sooft wir wollen.

Dann küsse ich Dich, meine Geliebte,
und Du bist bei mir.
Nächtli!
Dein!

Der Tag der Wiederkehr – Unsere Zeit

Mit dem Beginn unserer Gefühle
kam zu uns auch unsere Zeit
und die Hoffnung auf Erfüllung
machte sie für uns bereit!

Die Zeit für uns kommt heut', mein Schatz!
Das Schicksal hat sie uns wieder mal beschert
– es ist nach Fühlen uns zumute
und diese Zeit ist unbeschwert!

So lässt das Zeitfenster uns hoffen
und ist das Wertvollste seit Langem,
uns zu lieben, ohne Sorgen,
von morgens bis zum Sonnenuntergang,
und unsere Welt ist wieder im Gleichklang!

Die heitere Ruhe Deiner Nähe,
mal wieder ein wahrer Kuss,
– der Wahnsinn der Erfüllung –,
den ich Dir heute wieder geben muss!

Sind wir erst mal wieder beieinander
und die Welt wieder im Gleichgewicht,
dann lebe unsere Zeit, mein Schatz,
der Rest, der stört uns nicht.

ES LEBE UNSERE ZEIT, MEIN SCHATZ!
Diese geht auch wieder vorbei,
nicht aber unsere Gefühle,
denn unsere Liebe ist dabei und
– verbunden mit Gefühlen – auch die Sehnsucht,
die stets Deinen Namen ruft!

Und somit lebt auch unsere Liebe
– UNSERE LIEBE LEBT, MEIN SCHATZ –,
denn Liebe lebt bis in alle Ewigkeit
und so überwindet sie auch Raum und Zeit.

Zeitlos – Sehnsucht, die Berührung
und die Hand auf Deinem Knie,
ein Glas Rotwein und uns fühlen,
so wie unser Wollen es ergibt,
und berührt so ewig bleiben!

ICH WILL MIT DIR SEIN
– DIE ZEIT IST REIF –
HEUTE IST UNSERE ZEIT.

Der Ausbruch der Gefühle,
das Stillen des Verlangens,
die Erfüllung unserer Sehnsucht,
das Sättigen des Durstes,
uns bis zur Neige auszukosten.
Die Zeit für uns kommt heute, mein Schatz.

Ich sehe sie schon laufen.

Alle hier genannten Komponenten,
sie sind heut' mit uns,
Zeit, Gefühle, Sehnsucht, Liebe,
Verlangen, Durst, Erfüllung!

Dankeschön!

Du,
meine über alles geliebte Hannelore,

in dieser höchst geschätzten Zeit meines Lebens
teilen wir nun die unschätzbarsten
Augenblicke unserer Liebe.

Und
aus tiefstem Herzen
möchte ich Dich nun auch wissen lassen,
dass diese
selbst unsere bisherigen, gemeinsam erlebten
Augenblicke
von vor über 25 Jahren
noch bei Weitem übertreffen!

Diese unsere heutige Liebe
übertraf alle meine kühnsten Träume
und selbst bisherigen Erfahrungen
und alle bislang erlebten Augenblicke
waren mit größtem Abstand
die am höchsten denkbaren und freudigsten meines
Lebens
und meine lebenswertesten Momente und Erlebnisse.

Denn

wir erreichten Augenblicke
höchster Lust und Empfindungen,
ja selbst raumloser, unbegrenzter Träume,
unvorstellbarer Ewigkeit,
die das Zeitfenster unserer Gefühle
bei Weitem überschritten.

Ausdruck höchster Freude!

So wird diese unsere Liebe
nun zeitlos-ewiglich sein
und uns für immer einen
– selbst über den Tod hinaus!

Unsere Liebe lebt

„Ich wäre überglücklich, wenn Du kommen könntest,
selbst wenn auch nur für eine Nacht.
Deine Zärtlichkeit, Deine Umarmungen fehlen mir sehr,
und auch unsere gemeinsamen Abende auf der Couch
mit einem Gläschen Wein vermisse ich sehr.

Ich vermisse eigentlich alles, was wir hatten, als Du da warst."

Das Feuer in unseren Herzen ist entfacht, mein Schatz – und es bleibt!
Die Berührungen fehlen mir auch so sehr!
Wenn ich Dich ansah und berührte,
da leuchteten meine Augen und da brannte mein Herz!
Und jetzt brennt es in der Erinnerung!
Und diese Erinnerung lebt!
Und so wird es auch bleiben!

Ich liebe Dich, Dein Herz, Deine mir zugewandte Seele,
und diese Liebe hält die Sehnsucht am Leben!
Und umgekehrt: Die Flamme der Sehnsucht erhält unsere Liebe am Leben!

Deine Liebe tut mir so gut!
Aber wir bewahren uns gegenseitig auch stets in unseren Herzen
– und wir behüten uns sehr wohl!
Und das mag unsere Liebe so sehr
– sie verzehrt sich danach!

Ich umarme Dich voller Liebe, mein Schatz!
Wir verspüren es so, wie es wirklich war!
Und es bleibt und ist auch jetzt wieder so schön!

Du bist bei mir und ich bin bei Dir,
meine über alles geliebte Hannelore!
Ich umarme Dich und Du mich!
Ich liebe es, wie mich Deine Augen liebevoll betrachten!

Unsere Liebe lebt, mein Schatz!

Die Reihe Liebender ist endlos
– wir kennen sie nicht und sie kennen uns auch nicht –
aber die Reihe der Liebenden lebt.

Nur die Liebe selbst kennt sie alle,
und wir sind dabei, mein Schatz!

Ich sehe unsere Liebe in Deinen Augen,

ich fühle sie in meinem Herzen!
Die Übergänge unserer Liebe reihen sich aneinander
und sie bilden eine Liebeskette.
Unsere Liebeskette lebt
– sie hält unsere Herzen ganz dicht gekuschelt
beieinander
und unsere Sehnsucht facht sie an.

Unsere Liebe lebt und überlebt, mein Schatz!
Unsere Liebe siegt!
Ich seh' Dich!
Es lebe unser Liebesgedicht
– das Gedicht unserer Sehnsucht und unserer Liebe!

Unsere Liebe und unsere Sehnsucht erhellen und
erfüllen unser Sein
und unser Sein findet Erfüllung.
Ich bin so glücklich mit Dir
und unsere Erfüllung findet ihr Glück!

Wir leben in unserem Glück,
die Erfüllung unserer Liebe
und unserer Sehnsucht.
Amen!

So schreiten wir denen als Vorbild voran,
die diese Liebe auch suchen
und schließlich auch finden werden,

wenn sie wahrhaft danach streben!
Unsere Herzen sind voller Liebe – wir küssen uns!

Ich bin Dir in Liebe zugeneigt, mein Schatzi,
ja, wie Du sagst
– wir haben uns so gut verstanden wie nie.
Es war so tief, so schön und so friedlich.

Unsere Liebe lebt!

Ich träume noch ein bisschen mit Dir, von Dir,
von unserer Liebe, unserer Sehnsucht
– und von deren Erfüllung!

„Unsere Liebe war tief, schön und friedlich.
Ich liebe Dich und bin immer bei Dir.

In Liebe
Deine Hannelore“

Das Traumboot unserer Liebe

Das Traumboot unserer Liebe
entschädigt uns für eine lange Zeit,
die wir so einsam jeder für sich verbrachte
– ohne Freude und in tiefer Einsamkeit!
Unser beider Liebe
schien für uns verloren;
unsere Hoffnung, die war kalt;
doch unsere Sehnsucht, uns wiederzufinden,
die war so unendlich alt!
Doch weil sie sich suchten, sich zu binden,
blieben sich unser beider Lieben treu;
so ist die Zweisamkeit geblieben,
so fanden sich unser beider Lieben neu!
Es gibt nun Dich für mich und mich für Dich,
einfach, klar und schön!
Unser beider Lieben sind geblieben,
Ineinander verliebt zu sein!
Mein Herz, die Freiheit, Dich zu lieben
– unsere Liebe ist so unendlich schön!
Dein Herz, die Freiheit, mich zu lieben,
wird so in die Ewigkeit eingeh'n!
So wurde eines jeden Liebestraum
zu unserem neuen Liebesraum
– das Schicksal ließ es nun geschehen,
ließ uns'ren Traum in die Geschichte eingehen!

Harmonie

In der Landschaft lebt die Seele in der Harmonie,
denn Hoffnung, Wohlsein, Ruhe – das braucht sie!

Die Seele sucht und braucht diese Augenblicke,
auf diese Weise wird sie sich
– im Rahmen ihrer adäquaten Eindrücke –
der eigenen Weite, ihrer Größe und Ausdehnung
bewusst,
und das macht sie froh!

Sonnenuntergänge, unendliche Sicht aufs weite
Meer,
offene Weiten und Bergeshöh'n
– da schwingt die Seele mit, da kann sie aus sich raus,
sich ausweiten und lässt es gescheh'n,
ihre eigenen Träume zu leben,
ist mit Fantasie dabei, unbeeinträchtigt,
fühlt sich zu Haus',
ist so unendlich frei!

Da entspannen Seele, Körper, Geist
in vollkommener Harmonie.
Es ist unglaublich schön,
so mühelos zu schweben
– denn da fühlt sich die Seele lebendig!
Und plötzlich hebst du ab – nichts hält dich mehr,

bist schwerelos,
kommst zu dir zurück
– Freiheit ist der Seele Glück!

Alles scheint mühelos und leicht, so in den Höh'n
– verglichen mit der Erde, die manchmal düster ist,
die Seele verbissen,
dem Kummer ausgeliefert
– das alles liegt so weit zurück in den Höh'n!

Die Seele entfaltet
nur in der Weite ihren Raum
– Freiheit, die sie selbst gestaltet, ist ihre Weite,
frei nach ihrem eigenen Traum!
Und diese Weite begrenzt nicht den Raum,
sondern sie charakterisiert ihn!

Die Weite ist die Natürlichkeit der Seele
und die Seele ein Zeichen der Allmacht.
Allmacht und Seele sind märchenhaft.
Die Fantasie betrachtet sie als artverwandt,
was sie zu Geschwistern macht.

Glückliche Fantasie!
Ich küsse Deine Lippen nun, mein Schatz,
sie sind so warm und weich und einladend.
Ich bin mit Dir so glücklich wie noch nie!

Du bist die reinste Versuchung, jetzt für mich,
mit Deinen geliebten Augen, Deinem so erotischen
Blick,
ich fahr' total auf Dich ab, wenn Du so nah,
Knie an Knie, bei mir sitzt, mein Schatz,
das gibt mir den letzten Kick!

So ergänzen wir einander in der Zweisamkeit,
so treffen sich unsere Sehnsüchte,
so erleben wir unsere schönste Zeit!
So gehen wir als Paar in die Geschichte ein!

Uns einander zu umhegen,
ob in der Fantasie oder in der Realität,
ob jeder für sich oder ob wir gemeinsam träumen,
es stillt die Sehnsucht unserer Seelen,
sich stets wie verliebte Schmetterlinge zu umkreisen,
keinen Augenblick versäumend,
in der Weite der Fantasie zu reisen.

Das ist unsere Bestimmung,
des anderen Glück, Ergänzung und Erfüllung,
denn Strom gibt es keinen, ohne Gegenpol.

Gemeinsam entsteht die Macht der Schönheit,
der Liebe und der Harmonie,
das ewige Spiel des Lebens und der Sehnsucht.
So sind wir zwei – mehr als zwei mal eins –

ein Ganzes, wie noch nie,
mein Herz, das ewig Deinen Namen ruft!

So wie in uns zwei'n als Paar, mein Schatz,
meine Geliebte – Du und ich –
unsere Werte – unsere Liebe – unsere Sehnsucht,
die ergänzen sich!

Und wenn die Seelen so euphorisch sind,
heben sie ganz federleicht und schwerelos ab
– und treffen sich stets wieder
und sind beisammen, leben in unserer Sehnsucht
auf unseren nächsten glücklichen Augenblick hin,
und dieser kommt dann so gewiss,
wie die Seele unserer Liebe lebt!

Meine geliebte Hannelore, Blüten und Aroma,
die sind so gut wie unsere gemeinsame Harmonie!
Wir beide sind füreinander da!
Solch ein Glück gab es für uns noch nie!
Nie waren wir uns so nah!

*

„Schatzi, ich brauche gar nichts zu sagen,
ich könnte hier stundenlang sitzen
und lesen, was Du schreibst,
weil es immer wieder wunderschön ist!

Ich bin sehr glücklich,
dass ich die Frau an Deiner Seite sein darf!

Ich liebe Dich!

Deine Hannelore“

*

Unsere schönste Zeit

Mein Schatzi, ich liebe Dich!
Ich denke, es ist die schönste Zeit meines Lebens,
die ich mit Dir gemeinsam nun verbringe!

Nur wir beide wissen, wie wir es genießen!
Nur wir beide wissen, was wir uns bedeuten!
Nur wir beide wissen, wie sehr wir uns wertschätzen!
Und dies alles geschieht unsichtbar.

Wir teilen unsere Träume, unsere Liebe, unsere
gemeinsame Zeit!
unsere Hoffnungen, unsere Sehnsüchte!
Das Gefühl der Erfüllung und gemeinsam verbrachter
Zeit
waren noch nie so kostbar wie nun mit Dir!

Ruhe, Ausgeglichenheit, Romantik, Träume!
Mir ist, als wären wir schon immer beisammen
gewesen!
Als teilten wir schon ewig unsere Sehnsüchte!
Es ist paradiesisch, harmonisch, unvergleichlich!
So was gibt es nirgendwo zu kaufen
oder gar zum Bestellen.
Und für uns ist dieses Wahnsinnserlebnis umsonst.

Noch nie habe ich mich so stressfrei gefühlt

wie in Deiner Gegenwart!
Noch nie habe ich mich so akzeptiert und geliebt gefühlt
wie von Dir!
Wenn ich diese Erfahrung gesucht hätte
– ich hätte sie nicht gefunden!

Und nun fällt mir dieser traumgleiche Zustand so einfach zu
und gleicht alle bisherigen Unebenheiten meines Lebens aus!

Ich bin mit Dir und werde ein anderer Mensch!
Ich bin mit und bei Dir daheim!
Ich könnte ewig so mit Dir sein!
So nah am Traum – so nah!

Du hast mein Leben und den Rest davon gerettet!
Wir haben uns gefunden, wir wissen es nun.
Ständig bestätigt sich dies uns aufs Neue,
mit immer schöneren Augenblicken
und Überraschungsgeschenken der Anerkennung!
Es ist unsere schönste Zeit!

Unsere Kuschelnacht

Die Macht der Liebe ist grenzenlos und unendlich,
mein Schatz!
Es geht nicht um die Materie, es geht um das Gefühl.
Das Gefühl ist die Nahrung der Seele
– die Nahrung der Seele ist deren Glück!
Es geht also um Glück und um Liebe – das ist
Liebesglück!

Die Gnade hat uns ein Plus geschickt, mein Schatz!
Die Liebe rettet uns – wir haben Liebesasyl!
Wir wurden auserwählt und bevorzugt
– das ist eine hohe Auszeichnung!

Wir wollen unserer Liebe gerecht werden!
Wir sind beisammen.
Wir sind auf unserem gemeinsamen Weg,
er ist sehr schön für uns.
Ich bin so glücklich mit Dir und durch Dich!

Wir sind am Ziel, glauben aber,
wir hätten es noch nicht erreicht.
Dabei sind wir auf dem Weg und am Ziel,
weil wir uns doch wiedergefunden haben!
Die Liebe ist der Mittelpunkt, das Zentrum!
Wir sind im Orbit – in deren Umlaufbahn.
Die Liebe hält uns fest,

sie lässt uns landen, wann immer wir es wollen.
Und das tun wir auch bereits.

Wir bestaunen einander,
wir bestaunen die Liebe und wir kosten sie voll aus.
Und die Liebe lässt uns gewähren!
Wir haben ihre Auszeichnung bestanden,
Du meine teure Geliebte!
Ich denke, die Liebe wird uns immer helfen
– darum bin ich so glücklich!
Das Glück ist uns hold
und wir sind voller Zuversicht!

Den Rest besorgt die Zeit,
die Vorsehung.
Möge sie uns treu bleiben
und uns nicht aus den Augen verlieren!
Solange wir die Zeit nutzen, entschwindet sie uns nicht.
Darum lass uns unsere Zeit nützen, mein Schatz!
Und unsere Zeit ist jetzt!

Diese Nacht wird bezaubernd
– kein Wunder, wenn Du bei mir bist!
Du bist der Glanz,
der selbst die dunkelste Nacht erhellt!

Der Himmel hing voller Geigen

– In unserer Liebe daheim –

Heute war's so schön,
nichts hat mich gedrängt
und nichts hat mich gestört
und ich hab' sehr klar unsere Liebe geseh'n!

Unsere Liebe von oben zu versteh'n,
ist wie eine wunderschöne Landschaft
von unter dem Heißluftballon.
Er hebt ab
und schwebt mit uns davon.

Sie breitet sich rundum vor uns aus,
so weit das Auge reicht im Sonnenschein,
der bis zur Erdenkrümmung reicht!

Alles ist ruhig, harmonisch, friedlich, leicht!
Nichts stört.
Und ich seh' Dich lächeln, Du strahlst so milde und
verzaubert!
Es tut so gut, es ist das Glück!
Du strahlst in seinem Widerschein zurück.
Wir sind wie Statuen, die weithin etwas symbolisieren
– es ist die Liebe, in der wir uns verlieren.

Wenn die Liebe sich ein Denkmal schafft,

so ist das etwas, was Geschichte macht!
Wir verewigen uns mit unserer Liebe, mein Schatz!
Ich habe keine solche mehr geseh'n!

Sie ist total anhänglich,
sah uns beieinandersteh'n,
hat sich zu uns gesellt
und weicht uns nicht mehr von der Seite.

Unser Wiedersehen

Es ist schon wieder so,
als würden wir uns ewig kennen.
Mein Herz pocht bis hinauf zu den Ohren,
uns wieder in den Arm zu nehmen,
im Liebeswahn verloren!

Die Emotionen schwappen über,
haushoch schlagen nun die Wellen,
die Sehnsucht schwappt schon brennend 'rüber,
Herz an Herz beieinanderzustehen.

Uns brennend zu küssen und zu lieben
in dem heißen Liebeswahn,
wie in der Erinn'rung noch geblieben,
unsere Einigkeit steht an!

Einfach ist das Wahre

Unsere Liebe lebt!
Unser Körper und unser Geist sind süchtig danach!
Das Ergebnis ist die Lebensfreude,
die wir beide dann auch richtig teilen und genießen!

Das wiederum gibt uns ständig neuen Mut!
Mut, die zu bleiben, die wir stets waren und auch sind!

Das Schicksal schenkt uns Gnade und Erbarmen.
Unsere Liebe ist euphorisch und enthusiastisch!

Durch unsere Liebe
erfüllt sich der Sinn unser beider Leben vollkommen!
Dieser Zustand bildet den Rahmen jeden Tages!

Ebenso erneuert sich unsere Liebe
und schüttet sich uns aus!

So haben wir das Ziel unser beider Leben vollkommen
erreicht
und kosten auch sein Glück bis zur Neige aus!

Ich liebe Dich!
Wir sind ständig frisch verliebt!
Und verheiratet!
Kann es etwas Schöneres geben?

So bleibt unsere Welt im Gleichgewicht!

Mit der Liebe und der Fantasie
wird jeder Tag ein einziges Kunstwerk!
Und alle möglichen Begebenheiten unserer Tage
reihen sich aneinander wie kostbare Perlenschnüre
und bilden wiederum unseren Liebesreigen.
Wir sind glücklich!

Glück und Liebe
sind die schönste Erfüllung unseres Lebens!
Damit finden wir unseren Platz in der Ewigkeit!
So unbefleckt
– immer wenn alles bestens steht zwischen uns.

Das gibt uns Zuversicht für den neuen Tag
und lässt die Glocken unserer Harmonie läuten
– für ein erfülltes und glückliches
gemeinsames Leben,
das wir jetzt schon auskosten!
–
Unsere glücklichen Momente
sind der Beweis unserer Liebe.

Diese Augenblicke
schüren das Feuer unserer Sehnsucht nacheinander.
Ich habe so große Sehnsucht nach Dir!

Das Glück im Einfachen
– einfach ist das Wahre,
doch der Weg, es zu finden,
der dauert ein Leben lang.

Drum kehren wir es lieber um
und leben es für alle Tage.

–

Das Licht,
es brennt schon in der Nacht,
denn das ewige Feuer ist entfacht!

Im Scheinwerferlicht

Ich liebe die Schönheit Deiner Seele, mein Schatz!
Bin fasziniert von Deiner Gegenwart und Schönheit!
Ich küsse Deine Augen, Deine Wangen – Deinen
Mund!
Mit Dir fühle ich mich wie im Paradies!

Wir sind ein Paar, Gemahl und Gemahlin!
Wir fühlen uns so sehr verbunden miteinander,
umhüllt und geschützt
von einer golden glitzernden Blase.

Ich weiß nicht, was solche Visionen bedeuten.
Wir drehen uns auf dem Präsentierteller einer Bühne
– absolut makellos, sauber und rein –
und halten uns bei der Hand.
Ein Vorzeichen für einen Neubeginn?

Gestern las ich noch die ganze Schrift
– da schien die Wahrheit durch.
Sie zieht sich wie ein roter Faden durch alles
– formschön und geradlinig.
Die Botschaft unserer Schrift wird übertragen!

Ja, ich liebe Dich, mein Schatz!
So gut, so stark und so wahr, wie ich es kann

– und ich empfange im Widerschein auch Deine Antwort,
denn Du leuchtest mir
– Dein inneres Leuchten ist sichtbar.

Und man ist ergriffen vom Anblick dieses Gefühls!
Wir versenden die Botschaft der Liebe.
Sie ist wahr – das ist beeindruckend!

Sie ist ein Zeichen für all jene,
die das Wahre suchen und auch daran glauben
– und sich darin auch in ihrer eigenen Liebe bestätigt sehen!

Das hat eine übergreifende Wirkung, denn es ist das,
was jeder insgeheim in sich selbst sucht
und auch finden möchte:
sich mit dem Wahren identifizieren!

Und dann kommt das Echo – der Applaus!
Erfolg und Verantwortung –
die Chance, ein Vorbild zu sein!

Doch wir bleiben genügsam und bescheiden
– unsere Liebe reicht uns aus.
Und wir bleiben unter uns.

Mögen alle, die daran glauben, glücklich sein

und auch ihr eigenes Glück finden.
Die Welt braucht Glück und Liebe!
Amen!

Das waren wieder Augenblicke, mein Schatz,
wobei der Tee kalt wird,
wenn man sie so intensiv erlebt.
Und damit sind wir wieder in die Gegenwart entlassen
– aber wir wiegen uns im Glück unserer Liebe!

Ich bin bei Dir und bleibe bei Dir
– Du bist in meinen Armen!
Wir sind beide die Antwort auf unsere Gefühle.

Die Chancen unserer Liebe

„Wie viel Zeit bleibt uns beiden eigentlich noch für ein gemeinsames Leben?“

Solange wir zusammenbleiben und es können, meine Geliebte!

Es könnte traurig machen, dass es weniger ist,
als wir es uns wünschen würden, meine Liebe!

Aber ich bin so glücklich,
dass wir beide wieder zueinandergefunden haben!
Da haben wir so viel gutgemacht,
was ich nicht mehr missen möchte!

Und mit unserer Liebe
haben wir überhaupt schon so viel tote Zeit gerettet!

Ich bleibe dabei, bis mein letzter Sinn
meine Liebe zu Dir nicht mehr zeigen kann
– und noch darüber hinaus,
wenn Du das auch akzeptieren würdest!

Ich glaube nicht, dass es verschiedene Lieben gibt,
und die eine für Dich und von Dir ist schon hundert Prozent!

Solch eine schöne Liebe wie bei uns kann nicht
wechseln!

Höchstens wir hätten Halluzinationen,
doch das käme dann nicht von unserer Liebe,
denn die ist ja in sich stabil und bleibt ehern!

Ich denke, unsere Liebe ist unsterblich und lebt ewig,
auch ohne unsere Körper
– weil sie geistig und somit unzerstörbar ist!

Unsere Liebe ist ein Kind der Schöpfung
– wir haben sie nicht erschaffen,
sondern sie hat sich zu uns gesellt,
weil sie ohne uns einsam war
– sie ist und bleibt wirklich!

Der Kreislauf der Liebe ist wie der des Wassers
– es wird nicht mehr und nicht weniger,
so wie die Liebe auch.

Es existiert alles
– selbst wenn es noch keinen Namen hat.

Ich sehe, dass wir einen gemeinsamen Weg gehen.
Ich sehe auch,
dass wir gemeinsam daran arbeiten.

Ich sehe, dass ich bei Dir bin, mein Schatz, und umgekehrt.
Ich sehe, dass Du bei mir bist.

Du siehst, dass ich bei Dir bin,
und Du siehst, dass Du bei mir bist!
Eindeutig ist das so
– ich sehe da kein Problem.

Ich habe Achtung vor unserer Liebe und vor Dir
– daran wird sich nichts ändern.
Die Liebe lebt mit uns
– unsere Liebe!

Ich liebe Dich und ich tröste Dich
– und umgekehrt!
Unsere Liebe ist konstant,
daran habe ich keinen Zweifel!

Jeder Gedanke meiner Liebe ist mir treu!
Jeder Gedanke Deiner Liebe ist Dir treu!

Unser beider Lieben sind gleich!
Wir haben bloß verschiedene Augenfarben.
Selbst unsere Herzen und unsere Seelen sind gleich.
Ich sehe uns im Gleichklang.

Meine Liebesflamme

„Ich bin bei Dir, mein Schatz!“

Danke, Du bist ja auch die Flamme meiner Liebe
– meine Liebesflamme!

Und durch diese Deine Liebe
verlängertest Du mein Leben!

Weil Du mir neue Hoffnung schenktest
und meine Lebensfreude wiederbelebtest!

Weil so meine Liebe wiedererweckt und gestärkt
wurde,
wodurch sich mir neue Perspektiven erschlossen,
was mir die Tür zurück ins Leben öffnete,
sodass meiner Rückkehr nichts mehr im Wege stand.

So erschloss sich mir durch Deine Faszination
die Welt der Liebe und der Fantasie neu.

So verhießen mir Deine Lieblichkeit und Anmut,
gepaart mit dem Glanz Deiner wundervollen Augen,
neue Frohlockungen der Liebe,
was unsere alte Glut neu entfachte
und die Flamme unserer alten Liebe
neu entzündete!

So sahen wir uns wieder,
um uns noch tiefer zu lieben.

So wanderten unsere Seelen
– gemeinsam Hand in Hand –
dort oben am sternenübersäten Firmament,
wo die Ewigkeit der Liebe keine Grenzen kennt
und wo die Spuren unserer Liebeszeit
nun auf ewig bleiben!

Unsere Welt

Das Leben ist gleich so anders,
wenn wir zwei beisammen sind,
und damit auch die ganze Welt!
Und ohne uns so fremd – und kalt.

Unsere Gefühle lassen dann sofort
diese neue Welt aufleben und entstehen,
voller Liebe, Wärme und zärtlicher Intimität,
die unsere Seelen so anheimelnd beisammenhält,
die zueinander drängen,
unser Herz-an-Herz-Gefühl zu fördern und zu
stärken,
das unser Glücksgefühlsauslöser ist,
uns stets so innig vereint und bewirkt,
dass wir uns noch enger aneinanderschmiegen,
auf dass unser Zusammengehörigkeitsgefühl auf ewig
bestehen bleibt.

Ja, mein Schatz, unsere Traumwelt lebt
und befindet sich im Übergang
zu unserer verheißungsvollen Verbundenheit,
die schon heute im Gleichklang besteht!

Ich berühre Dich so gerne!
Und ich liebe es, wenn Du mich berührst,
sei es im Heute oder in der Ferne,

sei es in der Realität oder in der Sehnsucht,
die uns bis in den Traum verfolgt.

Allein das Wissen um Dich,
dass es Dich gibt und dass Du bist,
versetzt mich in diese Welt
der Sehnsucht, welche mich
beim ersten Anklang gleich entführt
– und somit stets mit Dir und niemals einsam
unter dieser Glocke dann gemeinsam
wohl beisammen und behüt'!

Was wir sind und auch versteh'n,
tut dies auch kein Weiterer,
der nicht unsere Gefühle und diese Sehnsucht kennt!

Unsere Welt ist nicht die Welt um uns herum,
– die haben wir uns selbst gebaut und so gesetzt
– die gibt's nur im Einzelnen, in der besonderen
und nicht der massenhaften Kraft,
und sie ist auch nicht vernetzt
– was nur vereinte Liebe schafft!

Unsere Welt ist selten,
bloß mit unseren Seelenaugen geltend
wird sie wahr durch ihren Liebesglauben,
ansonsten bleibt sie stets verborgen,

C
H

vor allem jenen, die blind nur Trieben folgen,
sie wird jedoch für diejenigen Seelen sorgen,
die sie suchen in ihren Nöten,
und das ist die Suche,
die durch Liebe und durch Fühlen,
– stets im Gleichklang –
irgendwann die neue Welt
schließlich ins Leben ruft!

Uns're Herzen schlagen
– gemeinsam und im Gleichklang –
schließlich aneinander an,
liebend, pflegend und behütend,
und im Wahren, das geblieben,
abseits von dem blinden Walten
der Kräfte der Nichterkenntnis,
des Unglaubens und des Seelenkalten,
die blindes Chaos bloß gestalten.

Und so hat es sich gelohnt,
uns're Herzen haben sich
ihre eigene Trauminsel erschaffen,
wo das Glück am Horizont,
dort irgendwo,
sich endlos in der Liebe sonnt!

*

Wir wurden mit Liebe begnadet, mein Schatz
– ich danke dieser Liebe.

Diese Liebe wiegt und trägt mein Leben,
sie hat sich in ihrer fühlenden Obhut
in unsere Herzen begeben
– nur durch sie geht es uns gut.

Unsere Liebe will sich auch deswegen erhalten,
weil sie lebt!
Darum wird sie überleben,
weil wir uns in ihre Obhut begaben,
weil sie unaufhörlich weiterwächst!

Somit wird sie auch in die Ewigkeit eingehen
und dort oben weiterbestehen!

Wir haben unsere eigene Liebe geboren.
Möge sie uns treu bleiben
und mögen wir in dieser Treue
noch lange glücklich beisammenbleiben!

Das wünschen wir ebenfalls allen anderen Menschen!

Amen!